Marketing en Facebook

Una guía completa para hacer crecer tu negocio en Facebook

Jason Lazar

Contenido

Introducción

Facebook es una de las mayores redes sociales con millones de usuarios diarios. Numerosas empresas han adoptado el marketing en redes sociales, conscientes de lo beneficioso que puede ser para las ventas y los beneficios. En cambio, algunas empresas lo consideran una pérdida de tiempo o un factor demasiado pequeño para tomarlo en serio. Pero si pudieras promocionar fácilmente tu negocio, productos y servicios de forma gratuita frente a tu público objetivo, ¿no querrías aprovecharlo?

La mayor parte de las empresas se acercan a Facebook con la idea de que tienen que gastar cantidades importantes de dinero para obtener beneficios sustanciales. Este pensamiento es el motivo por el que muchas empresas no aprovechan el enorme mercado sin explotar que tienen delante. Al no comprender o adoptar el aspecto social de la plataforma, las empresas pierden tiempo y dinero, y acaban abandonando todo el proceso.

Si has intentado dar a conocer tu negocio en Facebook pero has tenido problemas para aumentar tus seguidores, es muy probable que no estés dando los pasos básicos que te permitirán obtener el resultado que deseas. Sin esos pasos básicos, no tienes una base sobre la que construir una campaña publicitaria sólida. La mayoría de las empresas fracasan cuando intentan utilizar las mismas estrategias de marketing de otras vías en Facebook y esperan obtener los mismos resultados. Incluso si intentas copiar la estrategia de marketing de otra plataforma social, no obtendrás los resultados que deseas. Debes entender perfectamente cómo destacar y hacerte notar.

Construir tu negocio en Facebook requiere una nueva estrategia, nuevos objetivos y una nueva perspectiva. En este libro, aprenderás a optimizar tu estrategia de marketing de principio a fin. Primeramente, aprenderás a crear una página de empresa que te permita obtener más visitas y un mejor posicionamiento en las noticias. A continuación, aprenderás a crear una visión clara de tu objetivo final. Aprenderás que hay mucho más que ganar con una fuerte presencia en Facebook que unas pocas ventas extra. Aprenderás el componente más importante de tu estrategia de marketing en Facebook (y no es la publicación de anuncios). Además, en la última mitad del libro se explica en profundidad cómo publicar anuncios. Aprenderás los formatos, los tipos y las mejores formas de optimizar los anuncios de Facebook para avanzar hacia tus objetivos de marketing.

Millones de empresas ya conocen el poderoso impacto de una exitosa estrategia de marketing en Facebook, y lo están aprovechando. Tu empresa y tu marca deberían ser uno de esos millones, y con la ayuda de este libro, ¡puede ser así!

Capítulo 1: Cómo hacer crecer tu negocio en Facebook

Si no estás aprovechando Facebook para hacer crecer tu negocio, te estás perdiendo algo y estás dejando pasar a la competencia. Al tener más de 2.600 millones de usuarios y más de 1.700 millones de personas que lo utilizan a diario, hay un enorme grupo de personas a las que tu empresa podría llegar. ¿Por qué no hay más empresas que aprovechen esta plataforma? Si crees que tu negocio no se beneficiará de Facebook, empezarás a cambiar tu perspectiva cuando entiendas su potencial.

Cómo aprovechar Facebook para hacer crecer tu negocio

Facebook es una plataforma social, lo que significa que el objetivo de este sitio es conectar con los amigos y la familia. Hay una gran cantidad de usuarios que se conectan para estar en contacto con sus marcas favoritas. Las empresas pueden utilizar esto para conectar a la gente con su marca, productos y servicios. El enfoque que adoptes al utilizar Facebook para hacer crecer tu negocio será diferente al de otras empresas, como debe ser. La mayoría de las empresas de éxito han conseguido destacar porque aprovechan todas las herramientas y funciones que ofrece Facebook para causar impacto.

¿Tu empresa debe estar en Facebook?

Los propietarios de pequeñas empresas deberían aprovechar todo lo que ofrece Facebook. Aquellos que busquen el marketing de influencers también deberían utilizar Facebook para fortalecer su marca personal. Los empresarios individuales, los artistas, los comerciantes en línea, los proveedores de servicios y casi cualquier otro tipo de empresa, grande o pequeña, deberían estar en Facebook para ampliar su alcance, hacer crecer su negocio o expandirse a otras áreas. Las empresas que utilizan Facebook de forma eficaz para hacer crecer su negocio han visto un aumento de las ventas, una mejora del servicio al cliente, la fidelidad de los clientes y muchos otros beneficios.

Facebook no solo te proporciona una plataforma fácil de navegar, sino que también te permite encontrar seguidores y que más fans te encuentren fácilmente. Se trata de uno de los sitios más visitados y en el que la gente pasa más tiempo. A pesar de su alto índice de usuarios, es una opción de marketing de bajo coste para las pequeñas empresas, y que incluso las que están empezando pueden permitirse. La mayor parte del marketing realizado en Facebook no cuesta nada, solo cuando quieras maximizar tus esfuerzos tendrás que invertir un poco más.

Razones por las que las empresas fracasan en Facebook

A pesar de que Facebook puede atraer más miradas hacia tu negocio, la mayoría no aprovecha la oportunidad de crecer. La razón principal no es que los propietarios de las empresas no sepan cómo utilizar la plataforma, sino que la mayoría de las veces los propietarios de las páginas no tienen claros sus objetivos ni el esfuerzo que deben realizar para aumentar y mantener una base de fans.

Tampoco utilizan todas las funciones que ofrece Facebook. Se pueden hacer muchas cosas en Facebook, aparte de crear una página y pedir a los amigos que te sigan. La creación de páginas, grupos, eventos y la publicación de anuncios son solo algunas de las formas en que puedes ampliar tu alcance en Facebook.

No se toman el compromiso lo suficientemente en serio. Las empresas que añaden un toque humano a su participación y publicación harán que más personas se interesen por lo que tú y tu empresa tenéis que decir. Recuerda que, en esencia, Facebook es una red social. Para ser social tienes que añadir un tono humano, interés y elementos en toda tu página y en todas las interacciones.

Sin embargo, no son consistentes, lo que desafortunadamente significa que no están destacando. Para ganar atención en Facebook necesitas publicar con regularidad, solo publicar unas pocas veces al mes o incluso una vez a la semana significa que tu alcance no está siendo visto. Las publicaciones inconsistentes se pierden entre la multitud de otras personas y empresas que actualizan a diario.

No están añadiendo valor entreteniendo, educando o emocionando a sus audiencias. La mayoría de la gente en Facebook está ahí para entretenerse. Solo quieren perder el tiempo o reírse un poco. Una vez que hayas cautivado a tu audiencia de forma entretenida, tienes que añadir valor a través de la educación. Intrigar al público le da una razón para querer visitarlo a menudo. Se interesan por lo que vas a publicar a continuación y es más probable que hagan clic en los enlaces que compartes.

Página de perfil vs. Página de empresa

Perfil o página, ¿qué necesitas para tu negocio? La principal diferencia es que una página está dedicada específicamente a las empresas. Y si tienes un negocio y confías en un perfil de Facebook para crecer, estás haciendo marketing en Facebook de forma equivocada.

Una página ofrece más que un perfil estándar. En primer lugar, cuando gestionas una página obtienes herramientas de marketing adicionales y datos detallados. Esto te ayuda a ver cómo está creciendo tu negocio y cuánta tracción están teniendo tus esfuerzos. Otra razón para crear una página es reunir opiniones. Esto hace que las personas menos familiarizadas contigo decidan si quieren probar tu negocio o servicio.

Puedes crear una cuenta independiente y un perfil para tu empresa como si fuera una persona real, pero no obtendrás las ventajas de una página. Necesitas tener un perfil vinculado a la página, lo que puedes hacer utilizando tu perfil personal o creando un perfil de empresa.

Cómo configurar una página

Este proceso es bastante similar a la creación de una página de perfil estándar. Antes de crear tu página, haz una búsqueda rápida del nombre que piensas utilizar para tu negocio. Debes tener un nombre único para asegurarte de que tu empresa no se confunda con otra página o perfil que pueda tener una ortografía similar. Una vez que hayas hecho una búsqueda rápida y estés seguro del nombre que quieres mostrar, elige las opciones de Crear Página en el panel lateral izquierdo de tu página de perfil.

A partir de aquí, introducirá el nombre de la empresa en lugar de su propio nombre y añadirá una descripción en la sección Acerca de. Como un perfil, querrás añadir detalles del negocio y una foto de portada relevante.

Para crear una cuenta de empresa independiente, tendrás que ir a la dirección web business.Facebook.com/create. Desde aquí se te pedirá que inicies sesión en tu cuenta para verificar tus credenciales. En esta página, encontrarás los pasos necesarios para configurar todo lo que necesitas para gestionar y ampliar tu negocio en Facebook.

Optimización de tu página

La optimización de tu página de empresa garantiza que la mayor parte de los ojos se dirijan hacia ti. Esto es crucial para cuando empieces a poner anuncios. No es necesario mucho tiempo adicional para optimizar tu página, pero la mayoría de las empresas no lo hacen.

Incluye toda la información

Hay mucha información que puedes incluir en tu página y nunca debes dejar nada en blanco. Facebook favorece a las empresas que han introducido toda su información "Acerca de". La ubicación es un área esencial que debes rellenar. Incluso si trabajas desde casa, pon tu ubicación en la ciudad más cercana. Esto ayudará a otros usuarios a encontrar tu negocio y a Facebook a saber a quién mostrar tus publicaciones y anuncios. Si añades una ubicación, tu negocio será legítimo y tus seguidores se sentirán cómodos sabiendo que eres una empresa de confianza.

Otra información que debes añadir es:

- Dirección completa (si tienes una tienda física)

- Número de teléfono (ya sea para textos o llamadas)

- Correo electrónico

- Sitio web

- Horario de atención al público

También debes proporcionar una descripción. Puede tratarse de una breve historia de tu negocio, su propósito, sus productos y cualquier cosa que consideres importante destacar para que la gente que vea tu página se sienta inclinada a seguirte.

Pestañas de Facebook

Las pestañas de Facebook están muy infrautilizadas. Las pestañas te ayudan a mantener tu página organizada y proporcionan una navegación extra personalizada para servir mejor a tu audiencia. Verás que las pestañas ya forman parte de tu página de empresa. Estas pestañas se encuentran justo debajo de la foto de portada y a lo largo del panel lateral izquierdo. Por defecto, estas pestañas incluyen Línea de tiempo, Acerca de, Fotos, Reseñas y una pestaña denominada Más. Puedes cambiar y personalizar estas pestañas para llamar la atención sobre los servicios clave, los regalos y otra información sobre tu empresa. Si tienes un próximo evento, puedes crear una pestaña para que los visitantes se registren; si tienes una guía o folleto que quieres que tus visitantes disfruten, haz una pestaña para ello. También puedes crear una pestaña para que los visitantes se suscriban a tu blog o lista de correo.

Botón CTA

El botón de llamada a la acción (CTA) se muestra justo debajo de tu imagen de portada en el lado derecho. Se puede utilizar para llevar a los seguidores a un enlace específico, pero también puede animar a los seguidores o a los visitantes de la página a realizar varias acciones. Algunas formas de utilizar esta función son:

- Comprar en la tienda online

- Reservar una cita

- Hacer una donación

- Contactar con nosotros

Este botón puede eliminar pasos adicionales que sus seguidores tendrían que realizar normalmente, como encontrar el enlace a su sitio web para obtener información de contacto. Asimismo, hace que les resulte cómodo encontrar un enlace para acceder a sus productos o servicios. Cuanto más cómodo sea para los seguidores ver lo que tú ofreces, más probable será que interactúen.

URL personal

La típica URL de Facebook consiste en números y letras al azar, pero puedes crear una URL más personalizada con tu cuenta de empresa. Esto puede ayudar a más usuarios a encontrar tu negocio y proporcionarles un nivel adicional de confianza. Solo se necesitan unos minutos más para configurarla.

Para crear tu URL, necesitas crear un nombre de usuario. Ve a tu página de empresa y busca el Page@Username en el panel lateral izquierdo. A continuación, escribe el nombre de usuario que quieres utilizar; si está disponible, solo tienes que hacer clic en Crear nombre de usuario. Si el nombre que quieres no está disponible, tendrás que inventar uno diferente. Está prohibido poner mayúsculas o añadir puntos en el nombre de usuario. Por ejemplo, si quieres usar nombrelegal27 pero está tomado, no podrás usar NombreLegal27, NombreLegal27, o cualquier variación de este. Una vez que hayas creado tu nombre de usuario, tu URL se actualizará automáticamente para reflejar el nombre de usuario que hayas elegido.

Ten en cuenta que hay algunas directrices y normas para crear tu nombre de usuario. Por ejemplo, solo puede utilizar números y letras, y debe tener al menos cinco caracteres. Si tu página permanece inactiva durante demasiado tiempo, tu nombre de usuario puede ser revocado.

Publicaciones ancladas

Si tienes una publicación que quieres que los visitantes vean primero, puedes fijarla en la parte superior de tu feed de noticias. Anclar publicaciones es una buena manera de asegurarse de que tus seguidores no se olviden de información importante, o de recordarles un próximo evento o promoción. También puede ser una forma de que los nuevos visitantes te conozcan fijando un post de bienvenida que describa quién eres y de qué va tu negocio. También puedes hacer esto con los grupos que crees.

Grupos y comunidades

Los grupos son una gran manera de ayudar a construir la credibilidad y conducir más tráfico a su negocio. Esto es cierto tanto si te unes a un grupo ya establecido como si creas uno propio. Puedes pedir que te unan a cualquier número de grupos y éstos pueden estar directamente relacionados con tu industria, producto, o pueden estar orientados a un grupo demográfico específico de los que forman parte de tu público objetivo, por ejemplo: madres mayores de 30 años, o fanáticos del fitness.

Se trata de comunidades muy unidas de personas que tienen intereses comunes. Tras unirte a un grupo, puedes empezar fácilmente a establecerte como experto en lo que buscan los miembros actuales. Es una buena práctica presentarte en cualquier grupo nuevo al que te agreguen, pero asegúrate de revisar las reglas y directrices del grupo. Algunos grupos prohíben a los miembros publicar anuncios de negocios o productos a menos que se les invite específicamente a hacerlo. Sin embargo, puedes mostrar tu credibilidad respondiendo a preguntas, compartiendo publicaciones útiles en el blog (incluso las tuyas propias) o dando sugerencias sobre determinados productos (que pueden ser algo que vendas o proporciones).

Los grupos también son un gran lugar para encontrar preguntas, preocupaciones e intereses de tu público objetivo. Esto te ayudará a crear contenidos que interesen y atraigan directamente a esas personas a tu negocio. Asimismo, te ayudará a conocer el lenguaje que utilizan los miembros de tu grupo objetivo, lo que te permitirá configurar tus anuncios de una forma que atraiga directamente a tu público.

Capítulo 2: Estrategias de marketing en Facebook

Como con cualquier tipo de marketing, es necesario tener un plan para que tenga éxito. Después de configurar tu página de empresa, e idealmente antes incluso de publicarla, necesitas tener una visión clara de lo que quieres conseguir en esta plataforma. El marketing en Facebook tampoco tiene por qué ser abrumador ni complicado, pero si no estableces un plan antes, perderás tiempo y dinero y desaprovecharás oportunidades.

Establecimiento de objetivos

Tener una página de Facebook requiere tiempo y atención. Si no puedes delegar el marketing en redes sociales en un profesional contratado, tendrás que dedicar este tiempo a hacer crecer tu página. Independientemente de si asumes esta responsabilidad o dejas que otra persona lo haga por ti, debes tener objetivos claros para no perder el rumbo. Puede ser fácil distraerse y quedar atrapado en un ciclo de tratar de reinventar constantemente tu página para obtener más participación, pero esto será una pérdida de tiempo y esfuerzo.

Establecer objetivos desde el principio le permitirá saber qué quiere medir. ¿Estás tratando de aumentar los "me gusta", construir una lista de correo o fortalecer tu marca? Necesitas tener objetivos claros para mantenerte coherente y alineado con tu propósito. Algunos de los objetivos que puedes establecer para ello son:

- Aportar valor a través de tus contenidos.

- Aumentar tus likes hasta alcanzar al menos 10.000

- Recopilar correos electrónicos

- Monetizar tu página a través de diferentes fuentes

La mayoría de estos objetivos se mantendrán a medida que su negocio siga creciendo. Puedes establecer términos y condiciones más específicos para alcanzarlos, y luego ajustarlos a lo largo del camino para que se ajusten a tu crecimiento (¿cuántos correos electrónicos quieres recoger a la semana o al mes, cuántos ingresos quieres obtener de fuentes adicionales cada mes, una vez que alcances los 10.000 likes cuál es el siguiente hito?)

Al margen de los objetivos enumerados anteriormente, tendrás que establecer objetivos claros para tu marketing y tu negocio. Esto le da un camino claro para construir una comunidad alrededor de su negocio. Un objetivo exitoso en las redes sociales combinará un objetivo de negocio con un objetivo de plataforma social. Tu objetivo empresarial puede ser aumentar las ventas en línea, y tu objetivo en las redes sociales, en relación con esto, es atraer más clientes a tu tienda o sitio web a través de las publicaciones.

Cuando quieras crear anuncios en Facebook tendrás que seleccionar un objetivo. Este objetivo debe alinearse con las metas a largo plazo que tienes para tu negocio y tu plan de marketing. No tener objetivos ya decididos retrasará este proceso o hará que crees anuncios que no te ayuden a hacer crecer tu negocio de la manera que esperas.

Cómo enmarcar un objetivo

La forma más eficaz de crear tus objetivos empresariales en las redes sociales es a través del método SMART:

- Específicos

- Medible

- Alcanzable

- Relevante

- Basados en el tiempo

Este marco te permite trazar todos los detalles para alcanzar un resultado deseado. Establecerás qué es lo que podrás medir, definirás un objetivo claro y establecerás un plazo para completarlo. Estos objetivos más específicos te mantendrán motivado mientras trabajas hacia un punto final concreto. En cambio, cuando los objetivos son demasiado vagos, es más fácil dejarlos de lado o ir en otra dirección, lo que supone una pérdida de tiempo y esfuerzo. Los objetivos SMART eliminan las conjeturas sobre cómo alcanzar su sueño, a la vez que establecen un calendario para su consecución.

Los objetivos de marketing en redes sociales deben centrarse en aumentar las tasas de conversión y en construir una marca sólida. Profundizaremos en el aspecto de la marca en la siguiente sección. Los objetivos de tasa de conversión pueden basarse en métricas como:

1. Dirigir más tráfico a tu sitio web.

2. Hacer crecer tu lista de correos electrónicos.

3. Aumentar las ventas durante un periodo de tiempo determinado (rebajas del Black Friday, rebajas de fin de verano).

Cuando vayas a crear tus anuncios de Facebook, utilizarás un área de enfoque como las tres mencionadas anteriormente para mejorar las tasas de clics, reducir el coste por clic y aumentar tu puntuación de relevancia.

Cuando juntemos todos estos factores tendrás un objetivo concreto para medir tu éxito. Algunos ejemplos de objetivos claramente definidos en las redes sociales son:

- Aumentar el tráfico del sitio web a 3.000 visitantes al mes en los próximos tres meses antes del próximo gran lanzamiento de productos.

- Aumentar la notoriedad de la marca ganando 10.000 seguidores en los próximos 6 meses, centrándose en el alcance local para atraer más tráfico a la tienda física.

- Aumentar el tráfico del blog en un 25% antes de que acabe el año mediante publicaciones pagadas y orgánicas.

- Aumentar las ventas en línea en un 30% antes de la temporada de vacaciones, aumentando primero el conocimiento de la marca y la participación en la página. A través de anuncios de remarketing, mover a los clientes actuales y a los nuevos seguidores a través del sistema de embudo.

Redactar una declaración de objetivos sociales

Tener una declaración de misión hará que sea más fácil atenerse a los objetivos y crear una marca fuerte de la que la gente se entusiasme. Deberías tener ya un estado de misión establecido para tu negocio fuera de las redes sociales. Es también importante escribir una declaración de misión que se conecte directamente con tus objetivos sociales y con la forma en que quieres que tu negocio sea retratado.

Cuando empieces a crear contenido para tu página de empresa, te darás cuenta rápidamente de que hay mucha información que puedes compartir. La presión de publicar y compartir constantemente puede llevar a publicar cosas que no se alinean con el mensaje que quieres que la audiencia reciba de tu negocio.

No obstante, una declaración de intenciones te mantendrá en el buen camino para que tu marca siga siendo coherente. Algunos consejos que debes tener en cuenta al elaborar tu declaración de objetivos en Facebook:

1. Conoce la conexión emocional que debe sentir tu audiencia cuando vea algo de tu empresa. Escoge tres emociones principales que quieras evocar al elaborar un post.

2. Refleja tu objeto o meta principal para el marketing en Facebook.

3. Recuerda el tono que quieres utilizar: conocedor, enérgico, cercano, optimista, etc.

4. Conecta con la declaración de la misión de tu empresa.

Cuando escribas tu declaración ten en cuenta por qué quieres ser conocido. Cuando la gente visita tu página, ¿cuáles son las tres cosas que más destacan? ¿Quieres animar y potenciar a tu audiencia, informar y educar, o entretener y sacarles una sonrisa? Tu declaración de intenciones debe reflejar directamente lo que tu público espera cuando ve tus publicaciones. Antes de publicar, publicar un anuncio o dejar un comentario, revisa tu declaración de intenciones. Asegúrate de que lo que ofreces a tu comunidad está en consonancia con esta misión.

Marca

La mayoría de los objetivos de las redes sociales se esfuerzan por fortalecer la marca y lograr mejores tasas de conversión. Facebook es la plataforma ideal para fortalecer tu identidad de marca para tu negocio o como influenciador. El conocimiento de la marca es una de las principales razones por las que las empresas recurren a Facebook para hacer crecer su negocio.

Cuando utilizas Facebook para hacer crecer tu negocio, lo estás usando esencialmente como una plataforma para dar a conocer tu marca. Si no tienes una marca establecida, tus esfuerzos parecerán dispersos y mediocres en el mejor de los casos. En el pasado, la marca era sencilla y se identificaba fácilmente con un logotipo memorable y un eslogan inteligente. Ahora, sin embargo, una marca es una entidad completa que está humanizada y es relacionable. Tu marca es aquello con lo que la gente conectará, es lo que hará que quieran comprometerse contigo y, en última instancia, que te elijan por encima de otras miles de opciones.

Construir una marca implica:

- Hacer crecer una comunidad a través de likes y seguidores.

- Ampliar tu alcance publicando regularmente.

- Fomentar la participación a través de contenidos compartibles, respondiendo a los comentarios y haciendo preguntas.

- Contar la historia de tu negocio.

Marca para influencers

El marketing de influencers se ha convertido rápidamente en un componente crucial para la estrategia de marketing de una empresa, independientemente de la plataforma que utilice. Los influencers que buscan aumentar el conocimiento de su propia marca en Facebook necesitan tener una imagen clara y única que los haga notar. Las empresas tienen que mejorar su conocimiento de la marca para atraer a los influencers a usar y mencionar productos o servicios en su página de perfil.

Los factores clave en los que deben centrarse los influencers para crear conciencia de marca y lo que una empresa debe buscar en un influencer son los siguientes:

- **Seguidores leales y numerosos:** El número específico de seguidores que quieres tener variará dependiendo de la empresa, pero aparte del tamaño, quieres seguidores que sean leales. La gente tiene que comentar, compartir, gustar y hablar de lo que publicas con regularidad.

- **Contenido atractivo:** Si puedes crear un contenido llamativo vas a conseguir que múltiples empresas se fijen en ti. La principal razón por la que las empresas eligen trabajar con influencers es porque pueden hacer que sus seguidores hablen de los productos y mantenerlos interesados.

- **Sé genuino:** Ya sea que le des a un determinado producto una reseña entusiasta o tu opinión honesta, tienes que ser auténtico. Las empresas no quieren trabajar con un influencer que solo va a decir lo que cree que debe decir. Quieren trabajar con un influencer que se sienta identificado.

Los influencers que quieran construir su marca personal deben seguir las prácticas de otras empresas de éxito en Facebook. Tú eres tu propio negocio y debes tratar tu perfil o página de Facebook con la misma profesionalidad con la que las empresas de éxito tratan sus páginas.

Cómo ser coherente

La coherencia es crucial para hacer crecer tu marca. El tono que utilices en tus publicaciones, los filtros que uses en tus imágenes y los colores, fuentes y estilo de tus imágenes, textos y gráficos deben ser coherentes. Esto ayudará a identificar tu marca y a que tus publicaciones destaquen en los feeds. Cuando un seguidor vea tu publicación, debería saber automáticamente de qué marca procede.

Asimismo, hay que ser coherente con las publicaciones. No es necesario que compartas continuamente nuevos contenidos, pero sí que publiques en un horario regular, por ejemplo una vez al día, para mantenerte a la cabeza de las noticias de tu audiencia.

Entendiendo el algoritmo de Facebook

Facebook cambia constantemente su algoritmo, pero hay algo que se mantiene constante con cada nuevo cambio: siempre se centran en la relevancia de las publicaciones. En lugar de mostrar el contenido cronológicamente, siempre cambian su algoritmo para que las publicaciones más relevantes se vean primero y con más frecuencia. Esto tiene en cuenta varias cosas.

- Las publicaciones más importantes son las de amigos y familiares.

- Las publicaciones con muchos comentarios, "me gusta" y "compartidos" suelen tener la máxima prioridad en la mayoría de las noticias.

- Las imágenes y los gráficos se prefieren a las publicaciones de texto simple.

- Conseguir muchos "me gusta", "compartidos" y "comentarios" en un corto período de tiempo.

- Publicaciones que son compartidas por los amigos de los seguidores.

- Publicaciones que discuten temas de tendencia.

- Publicaciones vinculadas.

- Publicaciones de páginas que tienen toda la información del perfil completada.

- Publicaciones de páginas que tienen una lista de seguidores similar a la de páginas conocidas de mayor rango.

Cosas de las que el algoritmo no es fanático:

- Spam.

- Mensajes repetidos.

- Cebo de clics.

- Páginas que solo publican contenido de texto plano.

- Publicaciones que piden directamente likes, shares o comentarios.

- Publicaciones promocionales que son demasiado insistentes pidiendo a los usuarios que compren o usen un producto específico.

Independientemente de lo que trates en tu publicación o del tipo que compartas, el algoritmo de Facebook te favorecerá si sigues siendo relevante.

Capítulo 3: Creación de contenidos

La creación de contenido es la base para reunir información valiosa sobre cómo ejecutar anuncios de Facebook con éxito. La mayoría de las empresas se centran en los anuncios de pago y descuidan el proceso de creación de contenidos. Para poder empezar a ejecutar una campaña publicitaria de éxito en Facebook, tienes que dar a la gente una razón para seguir conectada. Esto puede hacerse a través de las publicaciones de tu página.

¿Por qué es tan importante el contenido?

Tu contenido, o lo que publicas, es lo que crea conciencia de marca. Si se hace correctamente, generará confianza, permitirá que la gente vea el lado humano de su negocio y le situará como experto en su sector. Además, es una de las formas más sencillas de comunicarse y relacionarse con su público. La gente tiende a comprar a empresas que no solo conoce, sino que tiene una relación con ellas. Facebook te ayuda a construir esa relación a través de las publicaciones.

Las publicaciones también pueden ayudarte a llegar a un público más amplio sin tener que gastar dinero en marketing. El usuario medio de Facebook tiene unos 200 amigos. Cuando una persona comparte tu publicación, tu negocio se pone delante de cientos de personas más.

Tus publicaciones son las que mantendrán la relevancia de tu negocio dentro del algoritmo de Facebook. Si no publicas con regularidad, esto indica a Facebook que no estás interesado en el aspecto social de su plataforma. La gente busca conexión e información valiosa; si no fomentas ambas necesidades, tu negocio no se expandirá. Si solo publicas de vez en cuando, Facebook no mantendrá tus publicaciones en las noticias. Las páginas que publican con regularidad y con las que se interactúa serán visibles en más noticias.

Creación de contenidos

A la hora de crear contenidos para publicar, conviene reducir las opciones. No publiques sobre una gran variedad de temas, limítate a tres o cinco áreas de interés. Los usuarios no van a ver todas las entradas que publiques, y si publicas sobre demasiados temas es probable que pierdas la atención de tu audiencia. Si te ciñes a una lista más corta de temas, podrás destacar como el lugar al que acudir para obtener información sobre estas ideas.

Haz una variedad de publicaciones que atraigan a tu audiencia. Pueden ser:

- Texto

- Imágenes

- Video

- En directo

- Mensajes enlazados

- Encuestas

- Historias

El tipo de post que publiques debe basarse en las preferencias de tu audiencia. La mayoría de la gente dejará de desplazarse por las imágenes antes que por el texto plano. El video, por ejemplo, es cada vez más popular. Las transmisiones en directo tienden a obtener más visitas que los videos subidos más largos. Las encuestas ayudan a aumentar el compromiso, y las publicaciones compartidas tienden a proporcionar el mayor valor. Cuando empieces a publicar, deberás prestar especial atención a las publicaciones que consigan más participación.

Después de publicar en tu página de empresa, lo mejor que puedes hacer con tu contenido es encontrar formas relevantes de compartirlo en grupos. Esta es una buena manera de dar a conocer tu negocio sin ser insistente, ni spam, ni decirle directamente a la gente que vaya a tu sitio. Muchos grupos lo ven con malos ojos, pero si has publicado algo en tu página de empresa que ayuda a responder a una pregunta en un grupo, compártelo.

Una de las formas de contenido más infrautilizadas es el contenido que compartes de otros. Además, es importante que hagas que tu propio contenido sea digno de ser compartido. Si uno de tus seguidores está dispuesto a compartir libremente tu publicación en su propio feed, eso es valioso. Esto hace que te clasifiques mejor en el algoritmo. Aunque no es necesario que pidas directamente a tus seguidores que compartan, aunque muchas empresas lo hacen, debes crear contenido que tenga un impacto en tu público objetivo. Cuanto más se relacionen y conecten con lo que publicas, más querrán compartir.

Uso de la regla 70-20-10

Publicar demasiados posts de ventas te penalizará en Facebook. No solo tu publicación de ventas no tendrá suficiente alcance, sino que tus otras publicaciones también se verán afectadas. Las publicaciones promocionales, cuando no se hacen correctamente o se hacen con demasiada frecuencia, hacen que los usuarios bloqueen u oculten las publicaciones de tu página. Este hecho no solo es malo para tu estrategia de marketing, sino que Facebook también lo considera irrelevante. Tus publicaciones no serán vistas por tanta gente como antes. Al publicar, es bueno seguir la regla del 70-20-10 para mantener a Facebook y a tu audiencia contentos, pero también para mantenerte en el camino de tus objetivos de marketing.

Dicha regla sugiere que el 70% del contenido que publiques debe ser atractivo y orgánico. Estas publicaciones ayudarán a reforzar la identidad de tu marca y añadirán valor a tu audiencia. Los tres o cinco temas principales en los que decidas centrar tu contenido constituirán este 70% del contenido.

El 20% de tus publicaciones deben ser compartidas. Esto significa que estás compartiendo publicaciones de otras páginas y personas que tu audiencia encontraría interesantes. Recuerda que las publicaciones compartidas obtienen puntos extra en el algoritmo de Facebook. También quieres que este contenido esté relacionado con tu negocio, marca o sector. No debes limitarte a publicar algo con la esperanza de que se comparta.

El 10% restante puede dedicarse a la autopromoción. Sin embargo, estas publicaciones deben ser orgánicas. Aunque pueden decir directamente a tus seguidores que compren en tu tienda, que hagan clic en un enlace o que se suscriban a tu lista de correo electrónico, tienes que proporcionar valor y un buen incentivo para que los seguidores actúen. Estas publicaciones deben estar cuidadosamente relacionadas con todas las demás publicaciones que has estado publicando durante la semana. Si eres demasiado spam, los seguidores dejarán de seguirte, aunque solo sea una vez, y esto afectará negativamente a tu alcance con futuras publicaciones y anuncios.

Creación de un calendario de contenidos

Un calendario de contenidos te permitirá mantener la coherencia y alinear tus publicaciones con tu declaración de intenciones. El seguimiento de tus contenidos también te permitirá entender cuándo tus publicaciones obtienen la mayor participación y qué publicaciones prefiere tu audiencia. Ya deberías tener elegidas las áreas temáticas clave para las ideas de las publicaciones y conocer un desglose general de los tipos de publicaciones que deberías compartir regularmente. Tu calendario organizará estos factores clave para que no tengas que preocuparte de qué publicar a continuación.

No tienes que complicar tu calendario; se puede hacer en unos pocos pasos:

1. Si no lo has hecho, utiliza tus tres o cinco temas principales para educar o añadir valor a tus clientes.

2. Determina cuántas veces vas a publicar. Es conveniente que lo hagas al menos una vez al día en Facebook, pero puedes publicar más si sabes que tu público puede ver lo que compartes.

3. Debes saber a qué hora del día publicar. Las publicaciones compartidas entre las 9 de la mañana y las 12 de la noche tienden a obtener la mayor cantidad de visitas, pero puede haber otras horas punta en las que esté tu público objetivo y que quieras aprovechar. Conocer a tu audiencia te ayudará a identificar las mejores horas para compartir publicaciones y publicar estratégicamente contenidos que

les resulten atractivos en ese momento. Los miércoles suelen ser los días de mayor actividad y con más usuarios en Facebook.

Utiliza aplicaciones como Buffer y Hootsuite para ayudarte a programar publicaciones y recopilar ideas para ellas. Facebook también te permite crear publicaciones y compartirlas posteriormente en tu página de empresa.

Capítulo 4: Estructura del marketing en Facebook

Los anuncios de Facebook son el componente más pequeño de la estructura global de marketing. Esta estructura consiste en la campaña, luego los sets de anuncios y, por último, el anuncio de Facebook. Cada uno de estos niveles cumple una función específica en el proceso. Entender cada componente te guiará a la hora de crear tu primer anuncio en Facebook.

Campañas

En las campañas es donde mejor se organizan los anuncios, y se encuentran en el nivel superior de la estructura de marketing de Facebook. Estas pueden contener varios sets de anuncios; nombrarlas y utilizarlas adecuadamente puede ayudar a alcanzar tus objetivos de marketing. Cuando nombres tu campaña, ten en cuenta que debe ser fácil para ti identificar el propósito de los anuncios aquí. Cada campaña puede tener varios sets de anuncios y anuncios individuales. Es conveniente que cada anuncio se alinee con el objetivo principal de la campaña. Aquí hay algunos ejemplos de nombres de campañas que funcionan:

- Campañas de marketing en frío

- Aumentar el tráfico del sitio web

- Crear conciencia de marca

- Dirigirse a un público femenino

- Generación de clientes potenciales

- Promociones de productos

Puedes hacer la campaña tan detallada o tan corta como prefieras. Cuando cree una nueva campaña, ésta tendrá un atributo de objetivo. Cada objetivo está organizado en tres categorías principales:

1. Concienciación

Hay dos objetivos principales en esta categoría de campaña:

- Conciencia de marca: Esto refuerza el conocimiento de tu marca para que más personas conozcan tu negocio.

- Alcance: Cuando empieces a utilizar Facebook para tu negocio, tu principal objetivo será que lo vea el mayor número de personas posible. Con un objetivo de alcance, tu anuncio se mostrará al mayor número posible de personas de tu público objetivo.

2. Consideración

Las campañas de consideración se centran en dirigir el tráfico a su negocio para que conozca mejor lo que ofrecen o proporcionan. Esta categoría es la que tiene más opciones para elegir:

- Tráfico: Aumentar el tráfico a un sitio específico a través de una URL, como por ejemplo a su sitio web o blog.

- Compromiso: Si tu objetivo es apuntar a personas que les guste, comenten y compartan tus publicaciones, este es el objetivo que elegirás. Esto también incluye dirigirse a personas que puedan reclamar una oferta yendo a tu página, comentando, compartiendo o etiquetando a otros.

- Instalaciones de aplicaciones: Este objetivo es para aquellos que quieren crear un anuncio que lleve a más personas a su tienda para descargar la app de su negocio.

- Visualizaciones de videos: Este objetivo es para conseguir que más personas vean los videos publicados por tu negocio.

- Mensajes: Esto te permite conectar directamente con la gente a través de messenger para aumentar el interés en tu negocio. Estos pueden estar dirigidos a clientes existentes o potenciales.

3. Conversiones

Este tipo de campaña se centrará en la promoción de sus productos o servicios para aumentar las ventas, o para conseguir que la gente realice una acción específica. Estos objetivos pueden parecerse a los objetivos de consideración con la diferencia clave de conseguir que la gente utilice sus productos o servicios en lugar de simplemente aprender más sobre ellos. Los objetivos de esta categoría de campaña incluyen:

- Conversiones: Estas incorporan varias acciones. Si tu objetivo es conseguir que más personas realicen una tarea específica en tu sitio, como añadir artículos a su cesta, realizar una compra o descargar una aplicación, este es el objetivo que querrás utilizar.

- Ventas por catálogo: Este objeto se centra en mostrar tus productos a través de tu anuncio para conseguir que realicen una compra.

- Tráfico de la tienda: Si tu objetivo es conseguir que más personas visiten tu local físico, deberás establecer un objetivo de tráfico de tienda.

Sets de anuncios

Los sets de anuncios son el siguiente paso en el proceso y aparecen bajo campañas de anuncios específicas. Estos sets son los que determinan cuánto se gasta en los anuncios, el público objetivo y la programación. Cada conjunto tendrá varios anuncios que comparten una configuración similar. Esto se hace para que pueda rastrear qué tipo de anuncio o formato produce los mejores resultados en su público objetivo. Al mantener ciertos atributos iguales, puede probar quién responde más a sus anuncios.

Normalmente, el público objetivo cambiará de un anuncio a otro, por ejemplo, dirigiéndose a los hombres para un anuncio y a las mujeres para otro. El anuncio en sí puede seguir siendo idéntico. Solo tienes que asignar un texto a los hombres y otro a las mujeres. También puedes probar el mercado cambiando el anuncio. Por ejemplo, puedes utilizar un video en uno y una imagen en otro para ver a cuál de los dos responde mejor tu público objetivo. El conocimiento de quiénes son más propensos a hacer clic en los diferentes tipos de anuncios hará que tus pujas sean más efectivas (más sobre esto en el próximo capítulo).

Los sets de anuncios pueden ser generales o específicos. Algunos ejemplos son:

- Set de anuncios para hombres

- Set de anuncios para mujeres

- Set de anuncios para personas entre 21 -30 años

- Set de anuncios para personas entre 31-40

- Set de anuncios para personas entre 41-50

- Set de anuncios para mujeres de 31 a 40 años

- Set de anuncios para madres de 31 a 40 años

Para empezar, puedes utilizar un conjunto de anuncios más general y, a partir de ahí, reducir tu público objetivo. Cuanto más específico sea tu conjunto de anuncios, mejor podrás calibrar y aprender a orientar tus anuncios en el futuro.

Anuncios en Facebook

Una vez que tengas el presupuesto y la audiencia, pasamos a la creación de los anuncios. Los anuncios constarán de imágenes, videos, texto y enlaces. Puedes utilizar el mismo anuncio en diferentes sets de anuncios para ver en qué público rinden más.

Es importante entender cómo formatear correctamente cada uno de los tipos de anuncios dentro de las directrices que Facebook ha establecido para cada uno. El formato dependerá de los objetos que elijas, ya que algunos solo permiten determinados formatos. Por ejemplo, si tu objetivo es aumentar las visualizaciones de videos, deberás utilizar el formato de video. Si quieres aumentar el conocimiento local, no puedes utilizar el formato de lienzo.

Además, puedes añadir texto a cualquiera de tus anuncios. En primer lugar, añadirás un breve eslogan en la parte superior de la imagen, que no supere los 90 caracteres. A continuación, creará un título para su anuncio. Los títulos solo son visibles en los ordenadores de sobremesa y aparecerán debajo de la imagen.

Con cada anuncio, podrás añadir un botón CTA. Para la mayoría, estos incluyen:

- Más información

- Descargar

- Comprar ahora

- Regístrate

- Reservar ahora

- Me gusta la página

- Ver más

Diferentes anuncios tendrán más opciones, pero estos son el estándar para la mayoría. Por defecto, en los anuncios de visualización de video aumentada no hay CTA, pero puedes añadir uno si lo deseas. Repasemos las directrices y lo que implica cada tipo de anuncio creativo:

Imágenes

Puedes utilizar tus propias imágenes o elegir entre imágenes de stock. Algunos anuncios te permiten elegir hasta seis imágenes diferentes para que puedas probar cuáles son las que mejor funcionan.

Directrices:

- Las imágenes deben ser de 1200X628 píxeles con una relación de imagen de 8:3.

- Si añades texto a tus imágenes, debes asegurarte de que no haya más de un 20% de texto en la imagen. En el pasado, los anuncios eran rechazados cuando superaban esta regla del 20%; ahora simplemente no se distribuyen tanto y costarán más. Es bueno tener esto en cuenta ya que esto conduce a un anuncio más estético y es lo que la mayoría de los usuarios prefieren y responden.

- Puedes unir las imágenes -de tres a siete- para crear un pase de diapositivas. Puedes mostrar el pase de diapositivas en tamaño rectangular o cuadrado. También puedes establecer el tiempo de visibilidad de las imágenes y añadir un fundido de una imagen a la siguiente.

Video

Hay dos opciones para los anuncios solo de video: Los videos de alimentación y los anuncios in-stream.

Los videos en feed aparecen como anuncios típicos en el feed de noticias del usuario. Son independientes, por lo que aparecen solos. Los videos in-stream son similares a los que se ven cuando se ve un video en YouTube. Este tipo de anuncios aparecen en los videos de Facebook que los usuarios ya han visto. No comienzan hasta que se han visto al menos 60 segundos del video y solo duran entre 5 y 15 segundos. Son como pequeñas pausas publicitarias que no se pueden saltar.

Directrices para la transmisión de videos:

- Subir la mayor resolución posible

- Debe ser de al menos 600x315 para videos apaisados o 600X60 para videos cuadrados

- El formato debe ser .MP4 o .MOV

- El tamaño del archivo puede ser de hasta 4GB

- Los videos no pueden durar más de 240 minutos

- Pueden incluir subtítulos de video y sonido

- Las imágenes en miniatura no pueden contener más de un 20% de texto

Directrices para la difusión de videos:

- Cargar la mayor resolución posible.

- La relación de aspecto debe ser 16:9, esto depende de la relación de aspecto del video principal

- El formato debe ser .MP4 o .MOV

- El tamaño de archivo más grande puede ser 4G

- La duración de los videos debe mantenerse entre 5 y 15 segundos

- Los subtítulos y los sonidos están permitidos, pero deben coincidir de nuevo con el estilo del video principal

- Las imágenes en miniatura no deben contener más de un 20% de texto

Carrusel

Los anuncios en carrusel le permiten añadir varias imágenes, videos o una combinación de ambos. Las personas que ven este tipo de anuncio pueden deslizarse para ver los diferentes productos que ofreces en un solo lugar.

Directrices de imagen:

- El tamaño de la imagen debe ser de al menos 600X600, aunque lo más preferible es 1080X1080

- Los archivos de imagen deben ser .jpg o .png

- Las imágenes no pueden tener más de un 20% de texto

- Debe tener al menos 2 tarjetas de imagen y hasta 10

Directrices de video:

- Los videos deben ser de 1080X1080 píxeles

- La relación de aspecto debe ser 1:1

- El formato del video debe ser en MP4 o .MOV

- El tamaño máximo puede ser de 4GB

- La duración del video no puede ser superior a 240 minutos

- La imagen en miniatura no puede tener más del 20% de texto

Experiencia instantánea

Esta es otra opción de formato en la que puede crear una experiencia publicitaria a pantalla completa. Anteriormente conocidas como Canvas, las Experiencias Instantáneas son excelentes para cualquier objetivo u objeto que elijas, pero solo se muestran a los usuarios de móviles. Estos anuncios le permiten personalizar sus anuncios para ofrecer a los espectadores un acceso instantáneo a la información sobre su negocio, mostrar sus productos o servicios, o incitar al espectador a rellenar formularios y obtener más información sobre su marca.

Un anuncio de experiencia instantánea puede tener varias páginas y puedes incluir varios componentes. Facebook proporciona varias plantillas de experiencia instantánea para crear tus anuncios. Esta es la mejor manera de diseñar una experiencia para garantizar resultados óptimos. Las plantillas prediseñadas están especialmente diseñadas para alinearse con tus objetivos de marketing. Puedes incluir imágenes, videos y texto en tus anuncios, pero también hay otros componentes que debes conocer.

Directrices de imagen:

Puedes utilizar hasta 20 imágenes en tu Experiencia Instantánea. Las imágenes deben seguir estas directrices.

- Las imágenes pueden ser formateadas para ajustarse al ancho o al alto. El ancho completo de una imagen debe ser 1080px y la altura completa es 1920px

- Las imágenes deben estar en formato .png o .jpg

- Designa una imagen de portada. Esta imagen debe adherirse a los mismos requisitos de un anuncio de alimentación de imágenes

- Las imágenes animadas o gifs deben seguir las directrices de video, no las de imagen

Directrices de video:

Por defecto, los videos se ponen en bucle y sin sonido. No hay límite en el número de videos que puedes incluir en tu anuncio, pero la duración total combinada de los videos no puede superar los dos minutos.

- Los videos pueden configurarse a ancho completo o ajustarse a la pantalla del usuario

- Se recomienda la máxima resolución, pero los videos deben ser al menos de 720p

- El formato del video debe ser MP4 o.mov

- Los videos deben ajustarse a la relación de aspecto vertical. Si el video está en horizontal, se redimensionará, lo que puede dar lugar a cajas de pilares

- No utilices subtítulos en tus videos

Cuando añadas videos, debes tener solo un video en cada página. Si tienes más de un video, se reproducirán varios al mismo tiempo.

Directrices del texto:

Hay varias áreas en las que puedes añadir texto. Cada bloque de texto puede incluir hasta 500 palabras. Cosas que hay que saber sobre la función de texto:

- El texto aparecerá en el color de fondo del tema: blanco o gris oscuro

- Se puede utilizar la fuente Serif o San Serif

- El tamaño de la fuente puede estar entre 6-72pt

- Se puede cambiar el estilo del texto -negrita, cursiva, subrayado- para todo el bloque pero no para las palabras individuales

- El texto puede estar alineado al centro, a la izquierda o a la derecha

Directrices de los botones:

Los anuncios de experiencia instantánea deben contener al menos un botón. Puedes tener un botón CTA primario así como CTAs secundarios para dar a los espectadores más opciones para aprender más si no están listos para comprar o realizar la acción primaria que te gustaría que hicieran.

- Los botones pueden rellenarse de color o tener un contorno de color que permita que el color de fondo llene el espacio interior. Ambos son opcionales.

- Los botones deben tener una altura de 48px.

- Deben tener 48px de "padding" o espacio desde arriba y abajo

- Las fuentes utilizadas en el texto para el fondo deben ser Serif o Sans Serif

- El color de la fuente es opcional

También hay un botón de retroceso en la parte superior izquierda de la pantalla. Este botón es obligatorio y permite a los usuarios cerrar el anuncio y volver a su feed de noticias. Los botones de retroceso son pequeñas flechas blancas con un contorno más oscuro, por lo que destacan sobre los fondos blancos o grises oscuros.

También se muestra un botón de deslizamiento/desplazamiento en la primera pantalla del anuncio.

Función de inclinación de la pantalla

La función de inclinación hacia delante es opcional, pero ofrece al usuario una experiencia más personalizada y le facilita el acceso a información adicional. Esta función permite a la persona inclinar su teléfono hacia la izquierda o la derecha para obtener más información sobre la imagen o el video destacado. Puedes desactivar esta función seleccionando la opción de ajuste a la altura. Los componentes de inclinación a la vista deben cumplir las siguientes recomendaciones:

- Las imágenes y los videos pueden ser de hasta 5400px, aunque para un rendimiento óptimo deberían ser de 3240px

- Los elementos siempre están centrados en la pantalla pero llenarán el 100% de la altura

- Puedes añadir una CTA, pero el texto para la CTA debe añadirse a la imagen o al video

- Las imágenes se comprimen para mejorar el rendimiento, lo que puede hacer que el texto se vea borroso

Cuando crees un anuncio de Experiencia Instantánea, ten en cuenta lo siguiente:

1. Es necesario captar la atención de los usuarios nada más ver el anuncio. Dado que este tipo de anuncio se abre en una vista previa a pantalla completa en sus teléfonos, tienes que darles una razón para hacer clic en el anuncio para ver más.

2. Muestra el nombre de tu empresa, el nombre del producto o el logotipo en el primer diseño. Esto reiterará al espectador de qué trata el anuncio, y por qué hizo clic inicialmente en el anuncio en primer lugar.

3. Menciona los puntos más importantes que quieres que el espectador recuerde pronto y con frecuencia. La mayoría de los espectadores no ven todo el anuncio, lo que significa que si se deja lo mejor para el final puede que nunca se vea. Puedes destacar los puntos clave de tu producto o marca más de una vez y hacer múltiples llamadas a la acción a lo largo de la experiencia de visionado. Cada pantalla de la experiencia instantánea puede tener su propia llamada a la acción que debes aprovechar.

4. Utiliza una mezcla de elementos. No limites tus anuncios de Experiencia Instantánea a una simple foto o video con algo de texto. Haz que tu anuncio tenga al menos cinco componentes que mantengan a los espectadores interesados y con ganas de ver más. Asegúrate de utilizar imágenes y videos de alta calidad.

5. No lo compliques en exceso. Puedes reutilizar material de posts o anuncios que ya hayas creado.

Pasos para los anuncios de generación de clientes potenciales

Aunque no es necesariamente un formato, hay pasos adicionales después de la parte creativa del proceso del anuncio que se toman cuando se utiliza un anuncio generador de leads. Durante este paso encontrarás algunas opciones de CTA:

- Solicitar ahora

- Descargar

- Obtener presupuesto

- Aprender más

- Registrarse

- Suscribirse

Si ya tienes un formulario de captación de clientes potenciales creado, puedes utilizarlo con cualquiera de los botones CTA. También puedes crear un Lead From utilizando la sección de personalización de Facebook Lead Form. Aquí podrás nombrar tu formulario y establecer el idioma. A continuación, puede elegir la información que desea que los espectadores introduzcan. El correo electrónico y el nombre completo son la configuración predeterminada, pero al hacer clic en estas opciones aparecerá una lista de casi 20 opciones más para elegir.

Una vez seleccionada la información que quieres recopilar, tienes la opción de añadir tres preguntas para que los espectadores respondan. Ya hay sugerencias que se centran en la intención del comprador, los detalles de lo que planean comprar y una pregunta abierta. Puedes escribir la pregunta que quieras en estos campos y puedes dar sugerencias de respuesta o permitir que el espectador rellene su propia respuesta.

Una vez configuradas las preguntas, Facebook te pedirá que proporciones un enlace a tu política de privacidad o a cualquier aviso legal de tu sitio web. A continuación, puedes añadir el enlace a tu sitio web para que los espectadores sean dirigidos allí después de completar tu formulario.

Un elemento adicional que puedes añadir a tus formularios de captación de clientes potenciales son las tarjetas de contexto. Estas te permiten proporcionar un poco más de información sobre tu oferta o lo que la gente debe hacer a continuación. Son ideales para destacar los beneficios de rellenar el formulario de captación de clientes potenciales y para explicar con más detalle lo que está ofreciendo. Estas tarjetas incluyen:

- Un titular

- Texto de beneficio en forma de párrafo o viñeta

- Un texto en forma de botón

Una vez que tengas todo completado, querrás ver el flujo de tus formularios de clientes potenciales. Si estás satisfecho con el formulario, puedes guardar el formulario de clientes potenciales para utilizarlo en futuros anuncios.

Capítulo 5: Cómo configurar los sets de anuncios de Facebook

Los sets de anuncios de Facebook son uno de los pasos más cruciales de tu estructura de marketing. Aquí es donde determinas tu presupuesto e identificas tu objetivo de marketing para cada anuncio que vas a crear. Si no configuras tus sets de anuncios correctamente o los gestionas adecuadamente, pueden ser una pérdida de tiempo y dinero.

Estableciendo un presupuesto

¿Cuánto debes gastar en tus anuncios? Una vez que hayas elegido la campaña adecuada, es el momento de establecer tu presupuesto. Tienes dos opciones de presupuesto: diario o de por vida. Una vez establecido el presupuesto, no puedes cambiarlo después de haber creado tus sets de anuncios, por lo que si te decides por un presupuesto diario es lo que debes mantener durante toda la campaña. Es importante considerar cuidadosamente qué opción es la más adecuada para la campaña que va a realizar. Cada opción se optimiza en función del objetivo que se establezca.

Presupuesto diario

Un presupuesto diario te permite establecer cuánto quieres gastar en el anuncio por día. A partir de estos datos, Facebook decidirá qué días tienes mayor potencial para alcanzar tu objetivo y gastará un poco más de tu presupuesto diario; en los días en los que el potencial es menor, tomará menos. Tu gasto diario fluctuará a lo largo de la semana, pero el total no superará la suma disponible.

Por ejemplo, si quieres gastar 10 dólares al día, eso le da a Facebook 70 dólares para gastar esa semana en anuncios. Teniendo en cuenta tu objetivo, la audiencia y los datos adicionales, creen que el domingo, el miércoles y el viernes tienes el mayor potencial de alcance, por lo que podrían gastar 15 dólares en esos días para publicar tu anuncio. El resto de los días, gastarán 10 dólares o menos.

Con esta opción, puedes establecer el presupuesto inicial, y seleccionar una duración ilimitada de los anuncios. Puedes volver atrás y cambiar el tamaño del presupuesto diario o pausar tu campaña.

Presupuesto de por vida

Un presupuesto de por vida es ideal si planeas ejecutar tu campaña más de una vez. Tú decides el presupuesto para el total de tu campaña. Recuerda que cada campaña puede tener más de un conjunto de anuncios, lo que significa que estás presupuestando varios anuncios que se ejecutarán en un momento determinado. Una vez que hayas establecido las fechas, Facebook hará un promedio de la cantidad que se puede gastar en cada día.

Licitación de anuncios

Cuando decidas cuánto establecer para tu presupuesto, debes tener en cuenta las pujas de los anuncios de Facebook. La puja es lo que pagas para que tu público objetivo realice una acción específica, por ejemplo, el coste por clic o el coste por 1000 impresiones. Esto está relacionado con el objetivo que elijas.

Si el objetivo de tu campaña es dar a conocer la marca, por ejemplo, conseguir likes o más visualizaciones de un video, tu puja se basará en el coste por impresión. Si quieres atraer tráfico a tu sitio web, tu puja se basará en los clics a sitios web. También puedes utilizar la puja para aumentar las ventas o ganar suscriptores. Para aumentar las ventas, tendrás que instalar un píxel de Facebook en tu sitio web; lo veremos con más detalle en el próximo capítulo.

Las pujas pueden hacerse automáticamente o puedes introducirlas manualmente. A los que se inician en el mundo de los anuncios de Facebook se les recomienda que opten por la puja automática hasta que se familiaricen con las pujas medias y las pujas de coste por resultado. La selección de la puja automática permite a Facebook decidir cuánto debes pagar para obtener el mayor número de clics.

Las pujas manuales te permiten determinar cuánto pagas por la acción deseada. Si sabes cuánto valen esos clics, querrás establecer tu propia puja. Facebook te dará sugerencias de pujas e insertará una automáticamente por ti, pero en última instancia puedes cambiar la puja sugerida. Establecer las pujas te ayuda a optimizar tu estrategia de marketing. Solo pagarás por los clics que consigas hasta alcanzar tu presupuesto máximo.

Público objetivo

Para que los anuncios sean eficaces, hay que entender a la audiencia. Conocer su lenguaje, sus interacciones y el momento en el que se conectan le permitirá publicar sus anuncios de forma estratégica para obtener los mayores beneficios.

Buyer persona

Antes de empezar a establecer tu público objetivo, debes tener en mente a tu cliente ideal. La creación de un avatar o buyer persona puede ayudarte a entender mejor cómo atender a tu público. Esto no solo es importante para publicar anuncios. El personaje del comprador puede ayudarte en la creación de contenidos, así como en la creación de servicios o paquetes que atraigan directamente a los miembros de tu público objetivo. Al crear un perfil para tu cliente ideal, responde a las siguientes preguntas:

1. ¿Qué productos o servicios ofrece tu empresa? Enumera todo, incluyendo cómo se gestiona el servicio de atención al cliente, las políticas de devolución y las ventajas para los clientes VIP.

2. ¿Qué pueden hacer tus productos o servicios para mejorar la vida de tus clientes?

3. ¿Quiénes son las personas que se beneficiarían de lo que ofrece tu empresa?

4. ¿Qué hace que tu producto o servicio se distinga de los de la competencia?

5. ¿Qué factores de la vida del comprador contribuirán a que se decida a comprar tu producto o servicio? ¿En qué momento de su vida se encuentran en términos de carrera, familia, finanzas y estilo de vida?

6. ¿Cuál es su proceso de compra? ¿Necesitan investigar o compran por impulso?

Una vez que hayas respondido a estas preguntas sobre tu comprador potencial, puedes empezar a elaborar una biografía completa sobre él. Esta debe incluir:

- Los productos o servicios específicos que beneficiarán a tu cliente.

- El problema o los puntos de dolor con los que tu cliente está lidiando y que tu producto o servicios pueden resolver para ellos.

- ¿Quién necesita que se resuelvan los puntos de dolor (madres trabajadoras, adultos jóvenes, los que acaban de salir de la universidad)?

- ¿Cuáles son sus aficiones, intereses y comportamientos?

- ¿Cuál es su carrera o en qué industria trabajan?

- ¿Qué pueden gastar en tu producto o qué pueden gastar en general?

Esta persona te dará un punto de partida para establecer tu público objetivo. A medida que sigas publicando tus anuncios en Facebook, es importante que revises los datos de tus campañas y los compares con tu imagen inicial de cliente ideal. Si la imagen que has creado no coincide con los datos que has recopilado, deberás reconsiderar quiénes forman parte de tu mercado real.

También es una buena idea realizar encuestas o pedir a tus seguidores que participen en una encuesta que te permita obtener datos más concretos sobre tus compradores. A cambio de participar en la encuesta, puedes ofrecer una promoción especial o un descuento. Dar un pequeño incentivo merece la pena para obtener una respuesta real de los clientes que te permita saber exactamente cómo puede mejorar tu negocio.

Cómo establecer tu público

Una vez que tengas tu buyer persona completada, puedes empezar a utilizarla para establecer tu público objetivo. Para llegar a nuevos clientes que tal vez ni siquiera sepan que tu empresa existe, deberás centrar tu atención en dirigirte a las secciones de demografía e intereses. Los datos demográficos básicos que puede establecer son:

- Ubicación

- Edad

- Género

- Idioma

Puedes limitar estos datos demográficos para incluir intereses específicos, comportamientos y mucho más. Hay miles de opciones para elegir. Por eso, conocer a tu audiencia y publicar regularmente es vital. El rendimiento de tus publicaciones puede darte detalles importantes sobre los intereses y hábitos de tu audiencia.

Puedes segmentar tu audiencia para obtener los mejores resultados. Para ello, establece los datos demográficos básicos de tu público objetivo y, a continuación, establece los intereses relacionados con tu campaña. Una vez que hayas establecido los parámetros, puedes añadir eventos vitales, rangos de ingresos y otras variables que te permitirán acotar el cliente ideal.

Si quieres llegar a personas que conocen tu negocio o que han interactuado con tus publicaciones o tu página en el pasado, debes optar por un enfoque de audiencia personalizada. Esto te ayudará a dirigirte a tu audiencia cálida o a aquellos que ya te conocen y confían en ti. Para una audiencia personalizada, se crea una audiencia basada en algunas variables:

- Fichas de clientes. Esto te permite utilizar un archivo de seguidores ya existentes de tu página. También se puede utilizar para subir una lista de suscriptores o una lista de correos electrónicos de personas que ya están interesadas en tu negocio. Es posible que estas personas no te sigan en Facebook y, con esta opción, puedes encontrarlas y dirigirte a ellas con tu anuncio.

- Tráfico del sitio web. Esto te permite orientar tus anuncios para llegar a aquellos que han visitado tu sitio web o un sitio similar al tuyo. El píxel de Facebook te permite recopilar fácilmente datos sobre la interacción de los usuarios con tu sitio web. Esta opción de audiencia personalizada te resultará beneficiosa para recordar a aquellos que han visitado tu sitio web pero que quizá no hayan realizado una compra.

- Actividad de la aplicación. Se dirige a las personas que utilizan una aplicación que tú proporcionas o que han realizado una determinada tarea en una aplicación que has creado.

- Compromisos en Facebook. Crea una lista de seguidores que participan en tu página.

Audiencias similares

También hay una forma de dirigirse a audiencias similares. Esta es una de las formas más eficaces de crear un anuncio para encontrar nuevos miembros de la audiencia. Facebook recopila datos de su algoritmo y te permite introducir puntos de datos específicos para personalizar un público que coincida perfectamente con los usuarios que ya te siguen. En términos sencillos, estás creando un clon de alguien que ya está participando, (usando tus productos o servicios) y diciéndole a Facebook que encuentre más gente como ellos. Puedes crear un público objetivo similar de cuatro maneras:

1. Las audiencias de video similares que se enfocan en encontrar más personas similares a las que ya ven completamente los videos que creas y publicas en tu página.

2. Listas de correo electrónico similares que utilizan tu lista de suscriptores/correo electrónico existente para encontrar más personas similares a las que ya están suscritas a ti.

3. Una audiencia similar a la de conversión te permite utilizar información de tu audiencia existente que ha realizado tareas de conversión, como por ejemplo, optar

por un código de descuento, visitar una página específica de tu sitio web y realizar una compra. Facebook utilizará los datos de los seguidores existentes que cumplan estos parámetros para encontrar a otros con perfiles similares.

4. Los parecidos de la página se construyen a partir de los fans que ya tienes y que participan activamente en tus publicaciones.

Capítulo 6: Cómo ejecutar los anuncios de Facebook

Hay algunas formas de optimizar la forma en que los usuarios de Facebook ven tus anuncios. La programación de tus anuncios y su ejecución en el periodo de tiempo adecuado también debe ser considerada cuidadosamente cuando comiences a ejecutar tu anuncio. En este capítulo, trataremos lo que debes saber sobre la ejecución de tus anuncios, desde la programación hasta la colocación, y algunas otras herramientas clave que debes utilizar.

Anuncios recurrentes

Una vez que hayas establecido tu presupuesto y tu público objetivo, es el momento de programar tus anuncios. Junto con la programación también se determina cómo optimizar la entrega de sus anuncios. De este modo, tus anuncios tendrán más posibilidades de ser vistos por el mayor número de personas en un periodo de tiempo determinado.

Planificación

Si optas por un presupuesto de por vida, puedes establecer un calendario de entrega de anuncios personalizado. Tú decides los días y las horas en que se publica tu anuncio. Al configurar un horario personalizado, los anuncios se ejecutarán de acuerdo con su zona horaria.

Es importante tener en cuenta cuánto tiempo quiere que se muestren sus anuncios. Si se muestra el mismo anuncio durante demasiado tiempo, puede causar una mala impresión a los usuarios, ya que se aburrirán enseguida. También debes tener en cuenta tu presupuesto cuando establezcas la duración de tu anuncio. Si tu presupuesto es demasiado largo, y estableces tu anuncio para que funcione durante semanas, puede que te cueste conseguir los resultados deseados. Siempre puedes cambiar tu presupuesto para que se ajuste mejor a la duración. En la mayoría de los casos, los anuncios que tienen éxito duran entre cinco días y dos semanas.

Entrega de anuncios

Elegirás la optimización de la entrega de tu anuncio después de establecer tu presupuesto en el proceso de configuración. Aquí le dices a Facebook cuál es tu objetivo final para el anuncio. Puedes elegir entre la entrega de anuncios estándar y la acelerada. Con la entrega estándar, tu anuncio se mostrará con el coste más bajo pero a una velocidad óptima. La entrega acelerada hará que tus anuncios se muestren lo más rápido posible, lo que suele ser más costoso. La entrega acelerada de anuncios es más adecuada para los anuncios sensibles al tiempo en los que se necesita una entrega rápida para una fecha próxima, como una venta, un lanzamiento de producto o un evento que se aproxima.

Pruebas publicitarias

Tanto si estás empezando a utilizar los anuncios de Facebook como si ya has publicado algunos, las pruebas de los anuncios son importantes. Hay muchas maneras de probar tus anuncios.

Estas pruebas te proporcionarán información valiosa sobre el rendimiento general de tus anuncios y sobre su rendimiento dentro de tu mercado objetivo. Hay un puñado de pruebas de anuncios que puedes realizar en Facebook, que te dan muchas opciones para reunir más datos.

Elevación de la conversión o elevación de la marca

Estas pruebas, o experimentos, son un buen punto de partida en el proceso de pruebas. Te darán una idea de cómo tu publicidad está impactando en tus tasas de conversión o en el conocimiento de la marca. Con la herramienta de experimentos de Facebook, puedes iniciar una elevación de la conversión o de la marca.

Un aumento de la conversión te mostrará cómo tu marketing en Facebook está afectando a tu objetivo definido. Para esta prueba, selecciona un objetivo junto con la campaña que quieres probar y crea una hipótesis. Tu público objetivo se divide en dos grupos. Un grupo se muestra intencionadamente y el otro se oculta. Se hace un seguimiento de las acciones realizadas por ambos grupos durante la duración de la prueba. Esto te permitirá ver qué grupo de personas realiza compras, hace preguntas o visita tu sitio web. Esta información le permite calcular el impacto de sus esfuerzos publicitarios y le ayuda a revelar las mejoras que puede hacer al dirigirse a sus audiencias.

Un test de elevación de marca te ayuda a ver el rendimiento de tu publicidad en Facebook sin tener en cuenta otros esfuerzos de marketing. A diferencia de las pruebas de elevación que te mostrarán cómo se ven afectadas tus tasas de conversión, las elevaciones de marca te muestran lo memorables y eficaces que son tus anuncios para crear conciencia de marca. Estas pruebas le mostrarán si el mensaje de sus anuncios es claro, si la gente recuerda su marca o sus productos y si le comprarían. Estas pruebas solo se realizan cuando no tiene ningún anuncio en marcha en ese momento. Esto te dará una visión realista de tus esfuerzos de marketing, ya que tu audiencia no tendrá la oportunidad de ver anuncios de tu empresa. Puedes utilizar la prueba de encuesta de marca de Facebook para realizar campañas o para utilizarla con todos tus anuncios para recopilar información sobre tus esfuerzos de conocimiento de la marca.

Pruebas A/B

Facebook te permite realizar pruebas A/B de varias maneras. Esto te da la oportunidad de cambiar una variable en tu campaña o conjunto de anuncios para ver cómo funcionan uno al lado del otro. Puedes hacerlo entrando en la barra de herramientas del Administrador de anuncios. Si haces clic en el cuadro a la izquierda de tu campaña o conjunto de anuncios que quieres poner a prueba, puedes seleccionar la opción de prueba A/B en el panel superior. Desde aquí verás una lista de variables a probar:

- Creatividad. Se trata de cambios en el formato del anuncio. Utilízalo para probar cómo se comportan las diferentes imágenes entre sí, probar si el video o las imágenes lo hacen mejor, o probar diferentes textos en los anuncios.

- Audiencia. Pruebe los anuncios en diferentes audiencias o diferentes grupos demográficos.

- Optimización de la entrega. Ver si los anuncios funcionan mejor con la optimización del presupuesto de la campaña.

- Colocación. Prueba diferentes colocaciones de anuncios.

- Conjunto de productos. Comprueba cómo compiten los sets de productos entre sí.

- Variable personalizada. Esto te permite cambiar múltiples variables de la estructura de tu anuncio. Pueden ser una combinación de variables de la campaña, del conjunto de anuncios o del nivel de anuncios.

Puedes realizar pruebas A/B duplicando anuncios existentes, pero esto solo te permite cambiar las variables creativas. Debes duplicar la campaña o utilizar experimentos para probar variables adicionales.

Píxeles de Facebook y SDK de Facebook

Cuando se trata de aumentar las tasas de conversión, Facebook ha hecho que sea más fácil que nunca para una empresa optimizar sus esfuerzos. El píxel de Facebook y el SDK de Facebook están diseñados para rastrear diferentes actividades que te ayudarán a dirigirte con precisión a las audiencias clave.

Píxel de Facebook

El píxel de Facebook es un trozo de código único que se añade al código de tu sitio web (puede que necesites la ayuda de un desarrollador de sitios web para asegurarte de que se hace correctamente). Una vez añadido, el píxel rastreará las acciones en tu sitio y en páginas específicas, como la página de compra o la de añadir al carrito. Cuando alguien realiza una acción, el píxel se activa para registrar los datos. Cuantas más veces realicen los visitantes la acción identificada, mejor podrá Facebook optimizar tus anuncios para llegar a las personas que tienen más probabilidades de comprometerse con tus anuncios.

Los píxeles de Facebook también son esenciales para tu estrategia de remarketing, de la que hablaremos en el último capítulo. Estos píxeles pueden ofrecerte datos cruciales sobre las personas que visitan tu sitio web, ya sea por sí mismas o a través de tu anuncio o página de Facebook. Con esta información puedes:

- Crear una audiencia personalizada para una segmentación más efectiva.

- Obtener información sobre el tráfico de su sitio web.

- Conocer el rendimiento de tus anuncios en diferentes dispositivos.

- Dirigirte a las personas en Facebook que tienen más probabilidades de actuar en tus anuncios.

SDK de Facebook

El SDK de Facebook funciona de forma similar al píxel de Facebook, salvo que se utiliza para las aplicaciones en lugar de los sitios web. El SDK recopila datos de los usuarios de tu aplicación para que puedas seguir su actividad y ver qué acciones realizan cuando utilizan tu aplicación. Para utilizar esta función, tendrás que registrar tu aplicación en Facebook en el panel de aplicaciones. El SDK capturará automáticamente cualquier evento en el que alguien instale, inicie y complete una compra a través de tu aplicación. Puedes añadir eventos adicionales para recopilar información que se ajuste mejor a tus objetivos de marketing. Esto se hace estableciendo eventos personalizados.

Al igual que el píxel de Facebook, la herramienta SDK de Facebook es esencial para el remarketing. Facebook utilizará esta información para dirigirse de forma óptima al público que utiliza específicamente las aplicaciones para realizar compras, y que será más probable que realice una solicitud de acción específica a través de sus anuncios de Facebook.

Colocación o visualización de anuncios

¿Dónde podrá tu público ver tus anuncios en su escritorio y en su dispositivo móvil? Facebook tiene algunas opciones para que tus anuncios sean vistos por el mayor número de usuarios, y puedes personalizarlo en función de saber con qué tipo de dispositivo suele conectarse tu audiencia.

Anuncios de la columna derecha

Esta solía ser la visualización estándar. En ellos, tu anuncio aparece en la columna derecha del feed de los usuarios. Sin embargo, estos anuncios solo son visibles para los usuarios de escritorio, por lo que no son tan populares como antes. Los anuncios de la columna derecha también son más pequeños y tienen algunas restricciones de formato. No contienen tanta información como un anuncio de feed, y solo pueden contener imágenes apaisadas u horizontales.

Anuncios en el Feed

Estos anuncios se muestran en el feed de noticias. Aparecen como una publicación típica de Facebook, lo que puede ser beneficioso o un obstáculo. Aunque los anuncios en el feed de noticias permiten a los usuarios de ordenadores y móviles ver fácilmente tus anuncios, también facilita que se pierdan en los feeds. Como se mezclan con las publicaciones de los demás, es fácil que se pasen por alto. Para reducir el riesgo de que tu anuncio pase desapercibido, debes asegurarte de que sea llamativo. Para ello, crea un eslogan y utiliza una imagen de alta calidad.

Puedes adaptar los anuncios de noticias para que se muestren en los feeds de los usuarios de móviles o en los de los usuarios de ordenadores de sobremesa.

En el Feed Instagram

Puedes llegar a más personas en Instagram si haces promoción cruzada. Puedes añadir tu cuenta de Instagram a cualquier conjunto de anuncios cambiando la configuración de colocación. También puedes crear una nueva campaña que muestre tus anuncios tanto en Instagram como en Facebook. Para ello, debes vincular tu cuenta de Instagram a tu página de empresa. Esto también te permite compartir contenido de Instagram en tu página o historia de empresa al instante.

Messenger

Esta opción muestra tus anuncios en la pantalla de inicio de Facebook messenger. En la aplicación móvil, aparecerán como un nuevo mensaje de chat. Cuando los usuarios entren en su messenger, verán tu anuncio y podrán hacer clic en él como si se tratara de un anuncio de noticias. Esta es una opción de colocación a menudo infrautilizada, pero es ideal para iniciar conversaciones con su público. También es una opción ideal para la reorientación de sus anuncios, ya que le permite llegar directamente a personas que ya han mostrado interés en su negocio.

Capítulo 7: Gestión de tus anuncios

Lo conveniente y beneficioso del marketing en Facebook es que te proporciona todas las herramientas que necesitas para hacer un seguimiento, ajustar y aprender de tus esfuerzos de marketing. Estas herramientas no solo te ayudarán a llevar a cabo una campaña publicitaria con éxito, sino que también te ayudarán a tener una página de negocio más exitosa. Este capítulo repasará las herramientas con las que debes familiarizarte.

Cuentas y herramientas de gestión empresarial

La herramienta de conocimiento de Facebook y la herramienta de conocimiento de la audiencia son dos funciones que debes utilizar con regularidad. Estas herramientas te ayudarán no solo a ampliar tus esfuerzos de marketing, sino a asegurarte de que lo haces de forma intencionada.

Facebook Insights

Facebook insights te permite hacer un seguimiento de la actividad de tu página. Esta información te da la opción de echar un vistazo rápido a los datos, ver tus esfuerzos de marca y ver información detallada sobre el rendimiento de tu página. Hay varios elementos de la información de Facebook que pueden ayudarte a mantener el rumbo de tus objetivos de marketing.

La vista general te muestra un vistazo a las métricas clave de tu página.

El resumen de la página te da una visión rápida del rendimiento de tu página en los cinco días anteriores. Aquí verás los "Me gusta", el alcance de la participación y el alcance de tu página, así como los cambios que se han producido con respecto a la semana anterior.

Las publicaciones más recientes muestran el día en que se publicaron, un fragmento de la publicación, el tipo de publicación, el alcance (orgánico y pagado) y la participación. El compromiso se divide para mostrar cuántos clics recibió tu publicación, así como las reacciones. También encontrarás un botón para impulsar la publicación que te permite utilizar rápidamente una de estas publicaciones recientes para ganar más tracción si está funcionando bien. Esta sección es valiosa porque te permite ver cómo está funcionando tu contenido. Cada una de las publicaciones se apilan unas encima de otras, lo que facilita la comparación del rendimiento de una publicación con otra. Puedes utilizar esta información para crear contenidos más atractivos y preferidos. Si haces clic en la publicación, verás información adicional y métricas más detalladas. Si haces clic en una publicación de video, verás cuántos minutos de video se han visto, el tiempo medio de visualización y cuántas visualizaciones totales ha tenido la publicación.

Las páginas a seguir son excelentes para ver cómo va tu página en comparación con otras similares. Aquí encontrarás las cinco o seis páginas más importantes que son similares a la tuya y verás cuántos "me gusta" han conseguido de media esa semana en comparación con la anterior. También te dirá cuántos posts ha publicado la página y su compromiso. Si haces clic en cualquiera de estas páginas, verás su principal publicación de la semana. Utiliza esta información para hacer un seguimiento de las tendencias y para conocer lo que están haciendo los posibles competidores.

La exportación de datos es una forma de profundizar en los datos de tu página. Facebook te permite descargar una hoja de cálculo CSV o Excel que te mostrará métricas sobre:

- Datos de la página que cubren el compromiso, los gustos y la audiencia.

- Datos de publicaciones para ver el alcance, las impresiones y los comentarios.

- Datos de videos para descubrir cuántas visualizaciones únicas, pagadas y orgánicas recibieron los videos.

Puedes elegir hasta 500 publicaciones a la vez para obtener más métricas. También puedes establecer un rango de fechas, lo que te permite elegir datos de un conjunto de fechas específicas.

Información sobre la audiencia de Facebook

La herramienta de conocimiento de la audiencia te proporcionará información valiosa sobre tu público objetivo. Los datos se obtienen tanto de las personas a las que ya les gusta tu página y se comprometen con ella, como del resto de usuarios de Facebook. Entender y hacer uso de estas herramientas te permitirá crear anuncios muy específicos para ambos grupos de personas, de modo que puedas encontrar más de tus clientes ideales. Con esta herramienta puedes reunir información sobre:

- Datos demográficos

- Likes de la página

- Ubicación

- Idioma

- Uso

- Actividad de compra

Además, puedes encontrar datos sobre intereses especiales, acontecimientos vitales y estilos de vida. Con esta información, puedes encontrar tendencias en tus clientes actuales y en las personas a las que ya les gusta tu página y buscar estas mismas tendencias entre otros usuarios de Facebook.

Medir el rendimiento de los anuncios

Hay muchos factores que contribuyen a que su anuncio funcione con éxito. Saber cuál de estos factores debe ajustarse o reconfigurarse te permitirá hacer los cambios necesarios para mejorar tus resultados. Facebook facilita a los propietarios de empresas la tarea de ver el rendimiento de sus anuncios para alcanzar sus objetivos de marketing. El panel de control del Administrador de anuncios te proporciona varias herramientas con las que debes familiarizarte cuando empieces a publicar anuncios en Facebook. Si ya has creado una campaña, entonces ya has utilizado el Administrador de anuncios. También puedes editar tus anuncios desde aquí. Y lo que es más importante, puedes ver el rendimiento de tus anuncios.

Resumen de la cuenta

En el resumen de tu cuenta puedes ver rápidamente el rendimiento de tus anuncios. Esto te dará una valiosa información sobre cómo crear futuras campañas y anuncios. Aquí encontrarás un resumen de todos los rendimientos de la campaña. También podrá ver datos sobre los datos demográficos de las personas que ven sus anuncios. Desde la vista general de tu cuenta puedes:

- Detectar tendencias o patrones a través de los gráficos proporcionados. Puedes ver a qué hora del día la gente hizo clic en tus anuncios, para saber cuándo programar tus anuncios en el futuro.

- Revisa los datos de tu audiencia para determinar la región en la que es más probable que hagan clic en tu anuncio. Esto te permitirá crear anuncios que se dirijan específicamente a las personas de esta zona para aumentar las tasas de conversión o reforzar el conocimiento de la marca.

Además, los informes creativos se centran en el aspecto creativo de su anuncio, como los elementos visuales y de texto. Esta herramienta de informes hace algo más que mostrar qué videos o imágenes resuenan mejor con tu audiencia. Puedes ver los datos de tus anuncios con mayor y menor rendimiento en función de métricas creativas específicas. Los informes creativos te muestran detalles específicos del rendimiento creativo de tu anuncio de varias maneras:

- Las tablas de informes te muestran el alcance, la impresión, el coste por resultado y el importe gastado.

- Los desgloses personalizados te permiten ver los detalles de la audiencia, la ubicación y otros datos basados en tus anuncios. Con los desgloses, puedes conocer la edad de tu audiencia, dónde tienden a ver tus anuncios, qué dispositivos prefieren y otra información útil.

- Problemas de rendimiento de tus creatividades publicitarias.

- Se clasifica la tasa de compromiso, la conversión y la calidad de tu anuncio.

- Obtén soluciones para mejorar tus anuncios.

Campaña, sets de anuncios y datos publicitarios

La visión general de la cuenta te permite ver cómo tus anuncios te hacen avanzar hacia tus objetivos de marketing más grandes, pero también puedes profundizar en cómo cada campaña, conjunto de anuncios y anuncio está ayudando o dificultando estos esfuerzos. Al seleccionar Campañas, Sets de anuncios o Adopción en el Administrador de anuncios, podrás ver revisiones en profundidad de varios aspectos de la estructura de los anuncios. Algunos de los datos que puedes descubrir aquí son:

- Métricas de la estructura de tu anuncio en las que puedes seleccionar diferentes métricas como el alcance, la entrega, la impresión y las acciones para ver el rendimiento de tu anuncio en esas áreas específicas.

- Las columnas sugeridas te proporcionan datos adicionales basados en el objeto de la campaña y la creatividad del anuncio.

- Los desgloses te permiten ver el rendimiento de los elementos de la estructura de tu anuncio entre el público objetivo. Puedes ver datos basados en la entrega, la acción y el tiempo para saber qué público es el mejor para lo que ofreces. Esto te permitirá dirigirte a estas personas en futuros anuncios.

Guardar informes

Puedes guardar las métricas elegidas en los informes de Campañas, Sets de anuncios o Anuncios para volver a utilizarlas. Esto te permitirá utilizar fácilmente estos filtros con futuras campañas. Otra ventaja de crear y guardar este tipo de informes es que también puedes seleccionar un rango de fechas. Esto te ayuda a entender en qué momento del año tu público objetivo está más inclinado a comprar. También puedes enviar estos informes a ti mismo o a otros miembros de tu equipo de gestión. Podrás acceder a ellos siempre que necesites consultarlos rápidamente antes de crear una nueva estructura publicitaria.

Capítulo 8: Remarketing y Retargeting

El hecho de que no hayas dado en el blanco un par de veces no significa que tu anuncio sea defectuoso; puede que solo necesites volver a dirigirte a ellos o replantearte cómo los utilizas. Cuando las empresas ven que la frecuencia de sus anuncios disminuye, la mayoría retira esa campaña y comienza una nueva. Este es un error común. En lugar de iniciar una nueva campaña, puedes reorientar y recomercializar los anuncios para aumentar la frecuencia. También hay otras formas de utilizar el marketing de Facebook para alcanzar tus objetivos empresariales.

Campañas de reorientación

El remarketing se centra en volver a conectar con los seguidores o clientes actuales en Facebook. Cuando se hace remarketing, básicamente se trata de volver a conectar con personas que ya conocen tu negocio. El remarketing se basa en ajustar ciertos parámetros para llegar a un nuevo público al que quizás no hayas accedido antes. El retargeting puede ser un medio eficaz para los nuevos productos que pueda lanzar y que estén dirigidos a un público completamente nuevo. Hay varias formas de hacer remarketing o retargeting en Facebook, ya sea desde tus propias fuentes o desde las de Facebook.

Audiencia personalizada

Los públicos personalizados están formados por las personas que ya forman parte de tu audiencia en Facebook. Tanto si les acaba de gustar tu página, como si han visitado tu sitio web a partir de un anuncio anterior o han comprado en tu página regularmente, no importa en qué punto del proceso de compra se encuentren o cuánto tiempo lleven siguiéndote. Este público también puede consistir en tu lista de suscriptores, usuarios de aplicaciones y otras personas de las que tengas información que se pueda subir a Facebook. Facebook te ayudará a encontrar a estas personas y a crear anuncios específicamente para captarlas. Tienes la opción de crear un público personalizado a partir de una lista (como una lista de correos electrónicos o de suscriptores), los visitantes del sitio web (píxel de Facebook) o los usuarios de la aplicación (SDK de Facebook).

De una lista

Al igual que para un anuncio similar creado a partir de tu lista existente, puedes hacer lo mismo para crear una audiencia personalizada. Sube tu lista e incluye todos los identificadores que puedas sobre las personas de tu lista. Cuantos más identificadores puedas incluir, mejor podrá Facebook relacionar tu lista con los usuarios. Facebook te lo ha puesto fácil creando una plantilla que puedes descargar, rellenar y añadir. Si añades tu propia plantilla, debe tratarse de archivos CSC o TXT. Si no rellenas tus identificadores correctamente, Facebook te lo hará saber mostrando un signo de exclamación. Es conveniente que corrijas estos identificadores antes de subir tu lista para tener más posibilidades de conseguir las coincidencias correctas.

De las visitas al sitio web

Con el píxel de Facebook, puedes crear un público personalizado basado en cualquier grupo de personas que hayan visitado tu sitio web. Puede tratarse de aquellos que aterrizan en tu página de inicio, que visitan una página específica de tu sitio web, que han realizado una compra o que simplemente han navegado. Asimismo, puedes crear una audiencia personalizada basada en aquellos que han visitado tu sitio web en los últimos 30 días. Hay un montón de variables que puedes utilizar para crear un público personalizado a través de tu píxel de Facebook.

De los usuarios de la aplicación

Al igual que el píxel de Facebook para tu sitio web, el SDK de Facebook está diseñado específicamente para las empresas que ofrecen una aplicación para su descarga para que los clientes puedan realizar compras y estar al día sobre los productos y servicios. Esto te ayuda a hacer un seguimiento de la actividad de los usuarios de la aplicación. Esto se puede utilizar para crear una audiencia personalizada. Al igual que el píxel, puede personalizar el público a través de los datos del SDK por aquellos que han descargado su aplicación, han puesto artículos en un carrito pero no han comprado, qué tipo de dispositivo utilizan (Android o iOS), y más.

Una vez que hayas creado tus audiencias personalizadas, puedes empezar a hacer remarketing con fines específicos. Antes de empezar, debes asegurarte de revisar tus objetivos de marketing en Facebook. El remarketing en Facebook debe hacerse solo cuando tengas una lista de seguidores importante o tengas una lista de suscriptores decente. Estas campañas se dirigen directamente a las personas de Facebook que ya conocen tu marca. El remarketing te ayuda a hacer avanzar a tus fans en el proceso de compra y a convertirlos en clientes fieles. Estos anuncios te ayudan a guiar a los usuarios para que compren artículos de tu negocio, vuelvan a comprar en tu tienda o aprovechen ofertas especiales para clientes VIP.

Estrategias de remarketing

A la hora de hacer remarketing, es esencial que tengas en cuenta tres factores importantes:

1. Tu audiencia. Después de haber publicado algunos anuncios y haber creado un grupo decente de seguidores, deberías tener una mejor idea de quién es tu audiencia. Es posible que al principio hayas pensado que te dirigirías a un grupo, pero que te des cuenta de que otro se ha convertido en fanático fiel. Estas son las personas con las que quieres seguir construyendo una relación. Escucha lo que dicen tus seguidores y luego crea una estrategia que les dé lo que quieren. Esto te ayudará a encontrar más personas como ellos que también amarán tu marca.

2. Añade siempre valor. En lugar de centrarte en el número de personas a las que puedes llegar con tus anuncios, piensa en las mejores formas de añadir el máximo valor a la gente. Cuando añadas valor, serás recompensado diez veces más. La gente no quiere limitarse a comprar en un anuncio, sino que quiere comprar en una marca que sea afín y que resuelva un problema.

3. Revisa tus objetivos. Puede ser fácil quedar atrapado en la evaluación de los datos del rendimiento de los anuncios, haciendo ajustes para aumentar el compromiso, y todas las demás cosas para mantener su página de Facebook relevante. Al hacerlo, puedes perder rápidamente de vista lo que querías conseguir en un principio. Antes de empezar a hacer remarketing o crear nuevas campañas, revisa tus objetivos. Pregúntate si esos objetivos siguen siendo relevantes o si te has desviado de lo que te habías propuesto inicialmente.

Usa anuncios dinámicos

Los anuncios dinámicos de Facebook son una de las formas más eficaces de reorientar a los miembros del público que han estado en tus sitios web. Estos anuncios muestran productos que pueden haber abandonado en su cesta, que han visto en una página específica de tu sitio web, o recomendaciones que les atraen en función de sus intereses.

Lo mejor de estos anuncios es que funcionan automáticamente para usted. Subes tu catálogo de productos, configuras una campaña y Facebook encuentra a las personas adecuadas que estarían interesadas en cada artículo que has subido. Incluso encuentra nuevas personas a las que mostrar los productos y que quizá nunca hayan visitado tu sitio web.

Los anuncios dinámicos utilizan el píxel de Facebook o el SDK de Facebook. Si tienes una tienda online a través de Shopify, Magento o BigCommerce, puedes configurar automáticamente anuncios dinámicos para tu tienda sin tener que subir un catálogo. Los anuncios dinámicos pueden aparecer en feeds, messenger o Instagram para llegar a más gente.

Mensajes patrocinados

Un mensaje patrocinado utiliza la función de mensajería para volver a contactar con personas con las que has tenido conversaciones. Esto también incluye a los que han utilizado la función de asistencia por chat en directo. Los mensajes patrocinados te permiten reanudar las conversaciones con las personas, recordarles los productos en los que podrían estar interesados, ofrecerles ofertas de promoción o actualizarles sobre productos o información comercial.

Estos anuncios patrocinados se dirigen a las personas con las que has mantenido una conversación en el último año. Para obtener resultados óptimos, deben estar en funcionamiento durante al menos cinco días. Sin embargo, estos anuncios no se mostrarán a las personas con las que acabas de iniciar una conversación en messenger; la conversación debe tener al menos un día de antigüedad.

Otras formas de utilizar el marketing en Facebook

Hay algunas formas menos conocidas de ampliar tu marketing en Facebook. Cuando tengas claro cómo utilizar el formato tradicional, considera estas formas adicionales de aumentar el conocimiento de la marca y las ventas.

Anuncios de historias

Los anuncios de historias se muestran entre las historias de Facebook. Estos anuncios pueden ser imágenes, videos o una combinación de ambos.

Directrices de imagen:

- Las imágenes independientes solo se muestran durante cinco segundos

- El tamaño de la imagen debe ser de 1080X1920

- La relación de la imagen debe ser de 1:91 a 9:16

- El texto no debe exceder el 20% de la imagen y debe mantenerse dentro de 1080X1420 del marco.

- La imagen puede ser .jpg o .png

Directrices de video:

- Los videos pueden tener una duración máxima de 15 segundos

- Siempre debes subir la mayor resolución posible

- La relación de aspecto debe estar entre 1,91 y 9:16

- El tamaño máximo del archivo es de 4GB

- Los videos no pueden durar más de 15 segundos.

- Los formatos de archivo que puedes utilizar incluyen MP4 o .MOV

- Mantén el texto y los logotipos a 250 píxeles de la parte superior e inferior del fotograma.

Asegúrate de dejar espacio en la parte superior e inferior de tu anuncio (tanto de video como de imágenes). Aquí es donde se muestran las imágenes de perfil y se colocan los botones CTA.

También puedes cambiar la ubicación del anuncio para que se vea también en las historias de Instagram si tienes una cuenta vinculada a tu página de empresa.

Marketplaces de Facebook

Es posible que conozcas los diferentes Marketplaces de Facebook. Se trata de comunidades en las que la gente puede vender y comprar artículos a otros usuarios. Aunque muchos de ellos sirven como una especie de venta de garaje o mercadillo en línea, pueden ser una joya para que las empresas encuentren nuevos clientes. Los usuarios visitan el Mercado de Facebook con la intención de comprar, por lo que ya van por delante en el proceso de compra en comparación con otras personas que navegan por la aplicación.

Siempre puedes crear una publicación en el Marketplace para vender, pero la creación de un anuncio puede llamar más la atención y hacer que tus esfuerzos tengan más éxito. Esta es una gran opción para aquellos que quieren ampliar su alcance local. La mayoría de los usuarios acuden al Mercado para encontrar artículos listados por locales. Las directrices para este tipo de anuncios, para imágenes o videos, son las mismas que las de los anuncios estándar.

Anuncios de recaudación en Facebook

Estos anuncios están especialmente diseñados para los usuarios de móviles. Están configurados como un mini catálogo de productos que presenta un video o una imagen con imágenes más pequeñas que se muestran debajo. Las imágenes y los videos se muestran en un diseño de cuadrícula con algunas opciones diferentes:

- Escaparate

- LookBook

- Adquisición de clientes

- Narración de historias

Directrices para las imágenes de la colección:

- El tamaño debe ser de 600X600

- La proporción de la imagen debe ser 1:1 o 9:16

- El formato del archivo debe ser .jpg o .png

- El tamaño del archivo no puede superar los 30M

- El texto no puede ocupar más del 20% de la imagen

Directrices para los videos de recogida:

- Los videos deben tener un tamaño mínimo de 1200X628

- Los archivos pueden tener formato MP4 o .MOV

- El tamaño de los archivos no puede ser superior a 4GB

- Los videos no pueden tener una longitud superior a 120

- La imagen en miniatura pero no puede tener más de un 20% de texto

Conclusión

Facebook es una plataforma sólida que permite a una empresa destacar en muchos ámbitos. Independientemente de que tu objetivo sea aumentar la notoriedad de tu marca, ampliar tu mercado o incrementar el tráfico o las ventas, puedes lograr esto y mucho más a través de Facebook. Muchas empresas no prosperan en Facebook porque su enfoque no es el adecuado. Si adoptas los aspectos sociales y los utilizas para relacionarte con la gente, tendrás éxito.

Ya has aprendido que puedes hacer más cosas con tu página de Facebook que simplemente publicar anuncios. No te sientas abrumado por todas las cosas que crees que tienes que hacer de inmediato. La creación de un plan de marketing eficaz en Facebook se reduce a tres componentes básicos:

1. Tener un objetivo claro por escrito.

2. Publicar consistentemente posts relevantes y valiosos.

3. Estar abierto y dispuesto a escuchar a tu audiencia.

Este libro te ha proporcionado todos los consejos y herramientas que necesitas para dominar estos tres componentes. Ahora solo tienes que ponerlos en práctica. Si sigues los primeros pasos y te centras en tu contenido, aprenderás a crear anuncios de gran éxito con poco o ningún esfuerzo.

Un último consejo. Facebook siempre está cambiando y expandiéndose, y es importante estar al día con estos cambios. Es importante que te mantengas informado de los cambios y adiciones a sus políticas publicitarias. Además, en el sitio web de Facebook para empresas se ofrece un montón de información útil, consejos y recomendaciones sobre las mejores prácticas.

El marketing en Facebook tampoco tiene por qué ser complejo ni hay que darle demasiadas vueltas. Cuando cambies tu enfoque de simplemente ganar más clientes a ayudarles y añadirles valor, verás un mayor rendimiento de tus esfuerzos. Ahora que sabes cómo tener éxito en Facebook, es hora de hacerlo realidad. Gracias y buena suerte.

www.ingramcontent.com/pod-product-compliance
Lightning Source LLC
Chambersburg PA
CBHW070853070326
40690CB00009B/1823